Gemeinsam

Luke Adam Hawker

mit einem Text von Marianne Laidlaw

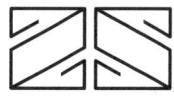

© 2021 ZS Verlag GmbH
Kaiserstraße 14 b
D-80801 München

ISBN 978-3-96584-150-5
1. Auflage 2021

First published in Great Britain in 2021 by Kyle Books,
an imprint of Octopus Publishing Group Ltd
Carmelite House, 50 Victoria Embankment
London EC4Y 0DZ

Text Copyright © Luke Adam Hawker 2021
Design and layout copyright © Octopus Publishing Group Ltd 2021
All rights reserved.

Luke Adam Hawker asserts the moral right to be identified as
the author of this work.

Projektleitung der deutschen Ausgabe: Kathrin Mayr
Übersetzung: Christiane Manz für bookwise, München
Satz: bookwise, München
Herstellung: Frank Jansen
Producing: Jan Russok
Printed and bound in China

ZS - Ein Verlag der Edel Verlagsgruppe
www.zsverlag.de | www.facebook.com/zsverlag

Alle Rechte vorbehalten. All rights reserved. Das Werk darf – auch
teilweise – nur mit Genehmigung des Verlags wiedergegeben werden.

*Dieses Buch ist meinem Großpapa gewidmet, Brian Rupert Jewell –
meiner beständigen Quelle für Inspiration, Hoffnung und Glück.*

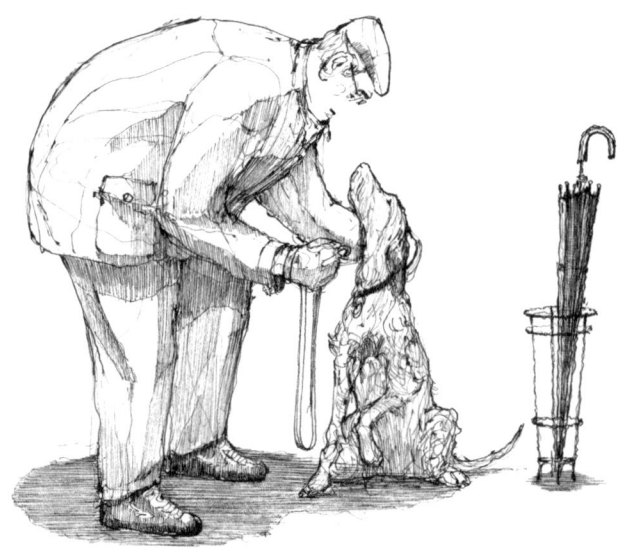

Das Leben ähnelt oft einer Maschine in ständiger Bewegung.

Man hat keine Zeit für eine Pause.

Die Uhr läuft weiter, und immer, immer

müssen wir irgendwo sein.

Selbst wenn wir zu beschäftigt zum Nachdenken sind,
treibt uns der Alltag voran.

So hetzen wir

oft durch das Leben,

ohne etwas davon wahrzunehmen.

Doch ich erinnere mich noch gut an das Unwetter in jenem Jahr.
Damals machte sich langsam ein beklemmendes Gefühl unter uns breit.

Menschenansammlungen begannen sich zu lichten.

In der Ferne ballten sich finstere Wolken zusammen.

Wir sahen sie heraufziehen und fragten uns ...

Wann werden sie hier sein? Wie lange wird es dauern?

Es ist schwierig, wenn man keine Antworten hat.

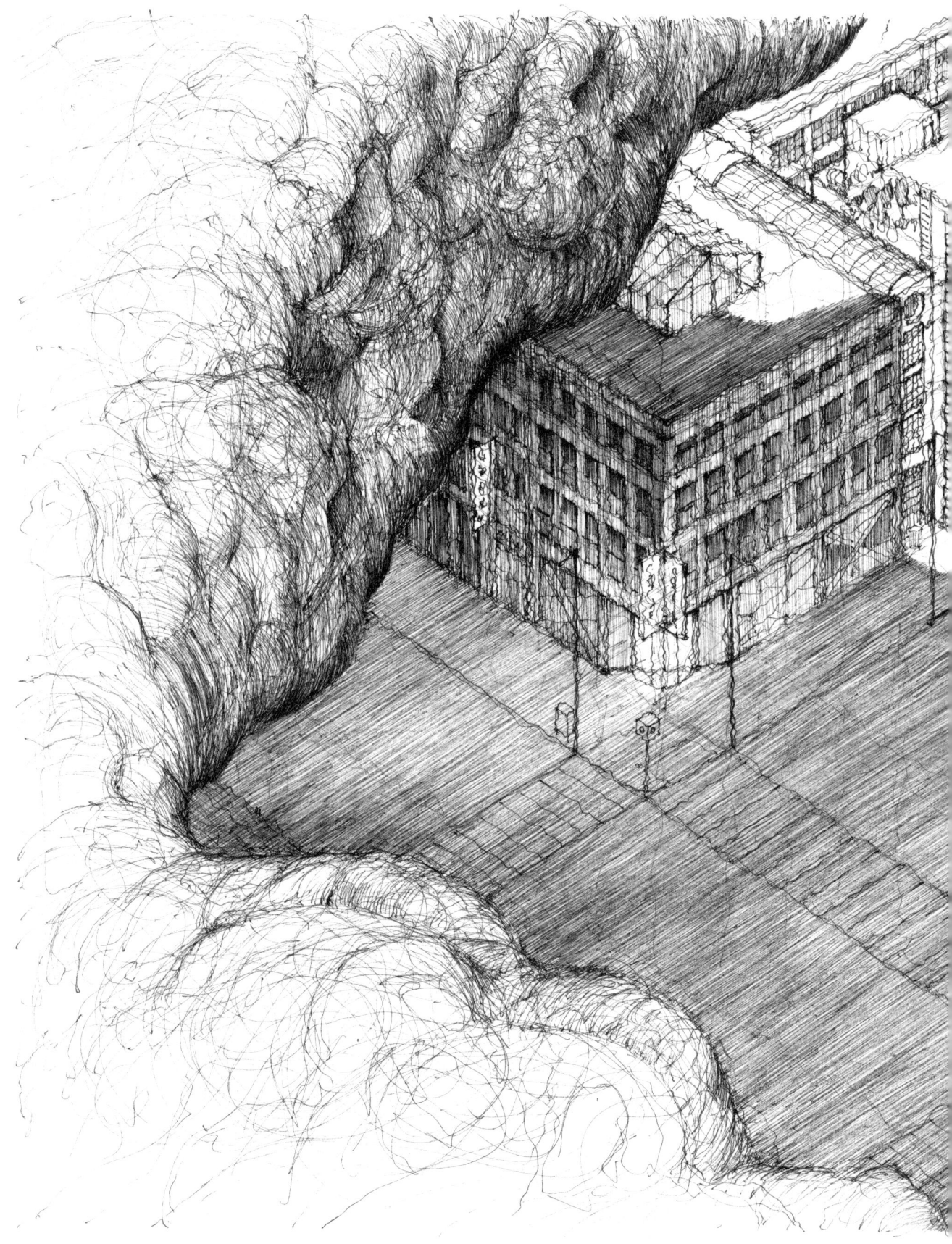

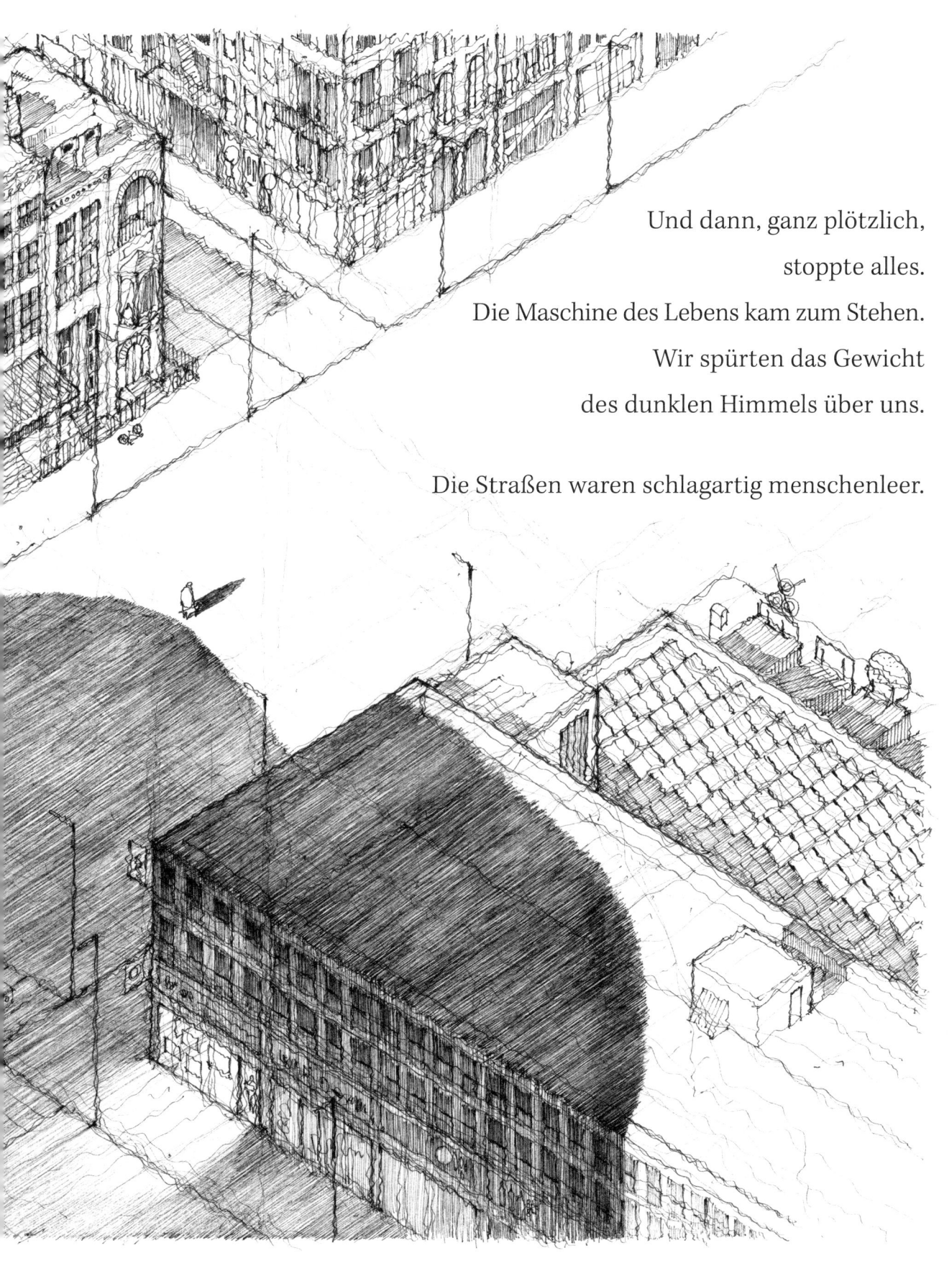

Und dann, ganz plötzlich,
stoppte alles.
Die Maschine des Lebens kam zum Stehen.
Wir spürten das Gewicht
des dunklen Himmels über uns.

Die Straßen waren schlagartig menschenleer.

Stille, wo zuvor ein Orchester an Geräuschen gewesen war.

Die belebtesten Orte plötzlich verlassen und ruhig.

Alltägliche Situationen fühlten sich immer seltsamer an.

Seltsame Situationen fühlten sich immer alltäglicher an.

Ohne Halt trieben wir dahin.

Angst kann seltsame Formen annehmen;
nicht immer präsentiert sie uns in vorteilhaftem Licht.

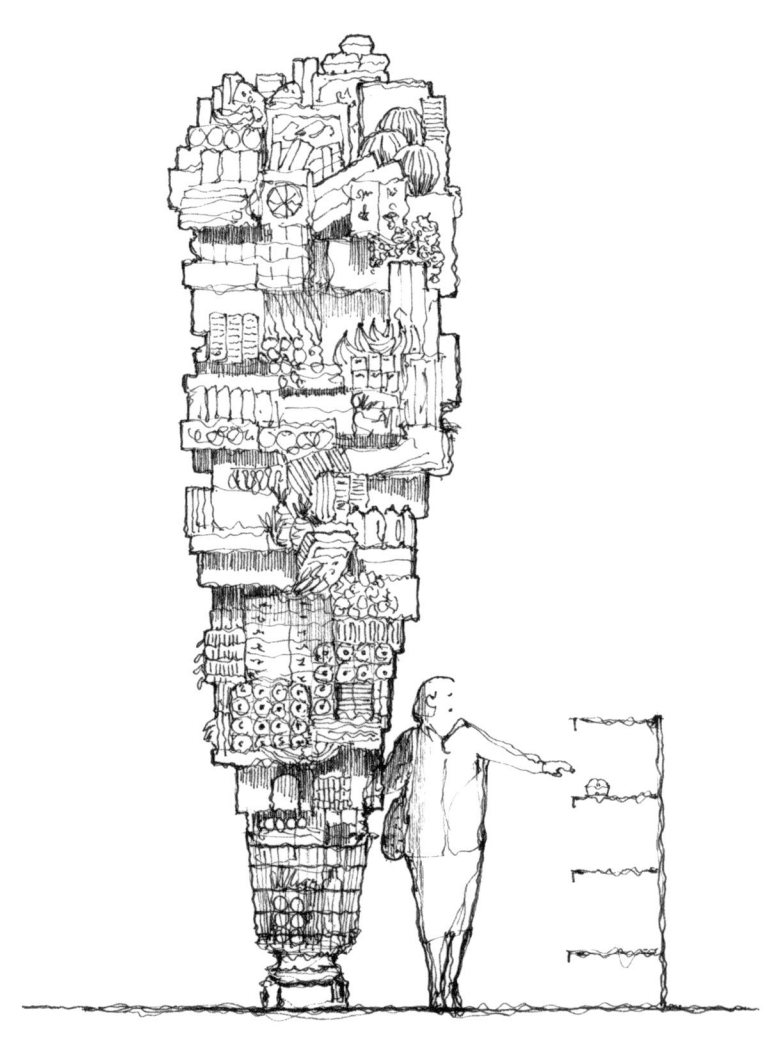

Sie lässt uns oft vergessen, dass auch anderen Menschen bang zumute ist.

Wir suchten Schutz, denn wir wussten, das Schlimmste stand noch bevor.

Die Wochen vergingen.

Es regnete und regnete.

Es fühlte sich an, als würde das nie enden.

Aus unserer Mitte traten Heldinnen und Helden hervor.
Sie waren uns eine Stütze, sie stellten sich in den Dienst anderer.

Sie kämpften gegen den Sturm, wie wir es uns nicht vorstellen konnten.

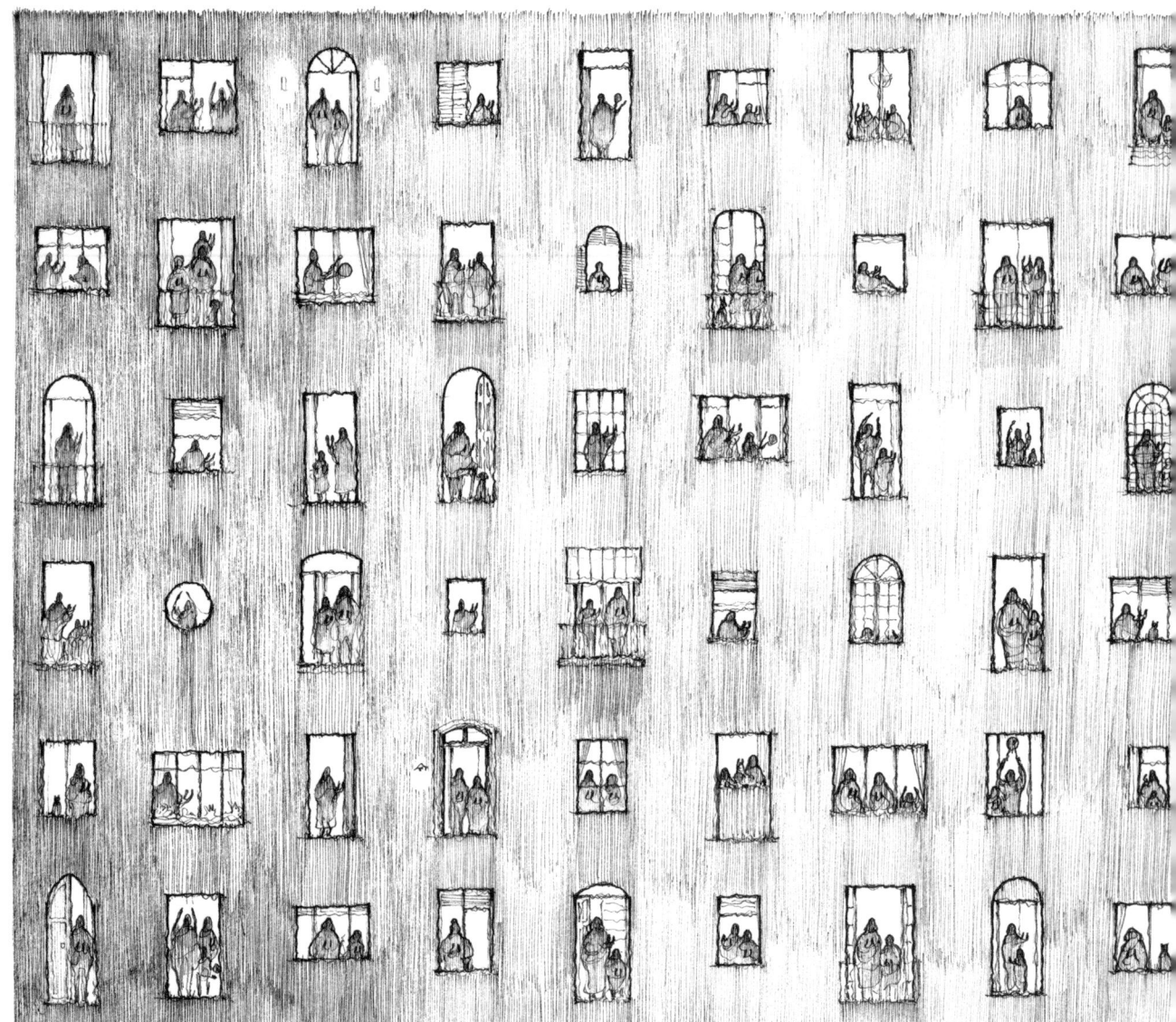

Ihr Mut machte uns demütig.

Sie verdienten unseren Applaus, und so vieles mehr …

Isoliert zu sein, ist hart.

Sorgen können uns beinahe überwältigen.

Wir fühlten uns einander so fern.

Allmählich wurde uns bewusst, wie fern wir einander schon vorher gewesen waren ...

und dass Einsamkeit oft in einer Gruppe von Menschen am deutlichsten spürbar ist.

Doch wer allein ist, muss sich nicht einsam fühlen.

Während unser Lebensradius enger wurde, weitete sich unser Blick,
und wir erkannten größere Zusammenhänge.

Vielleicht waren wir einander doch ähnlicher, als wir dachten?

Wir waren in unserer Isolation vereint; gemeinsam waren wir getrennt.

Wir redeten.

        Wir hörten zu.

Wir teilten unsere Traurigkeit,
unseren Kummer und unsere Sorgen.

        Wir teilten unsere Lebensgeschichten
und unsere Erfahrungen.

Schwierige Zeiten können das Beste in uns hervorbringen.

Kleinigkeiten können alles bedeuten.

Manche von uns hatten jetzt mehr Zeit zur Verfügung.

Freie Zeit schenkt uns Ideen, die wir wie Samen aussäen können,

und die Geduld,
um sie zu hegen
und sie wachsen
zu sehen.

Wir fanden neue Möglichkeiten,
um in Kontakt zu bleiben.

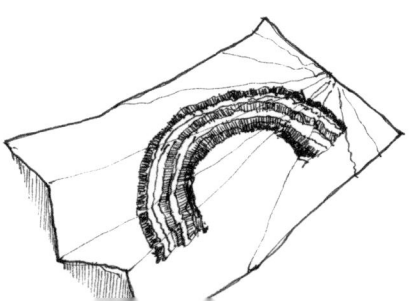

Unser Zuhause wurde zu Tanzsälen,

Klassenzimmern, Backstuben …

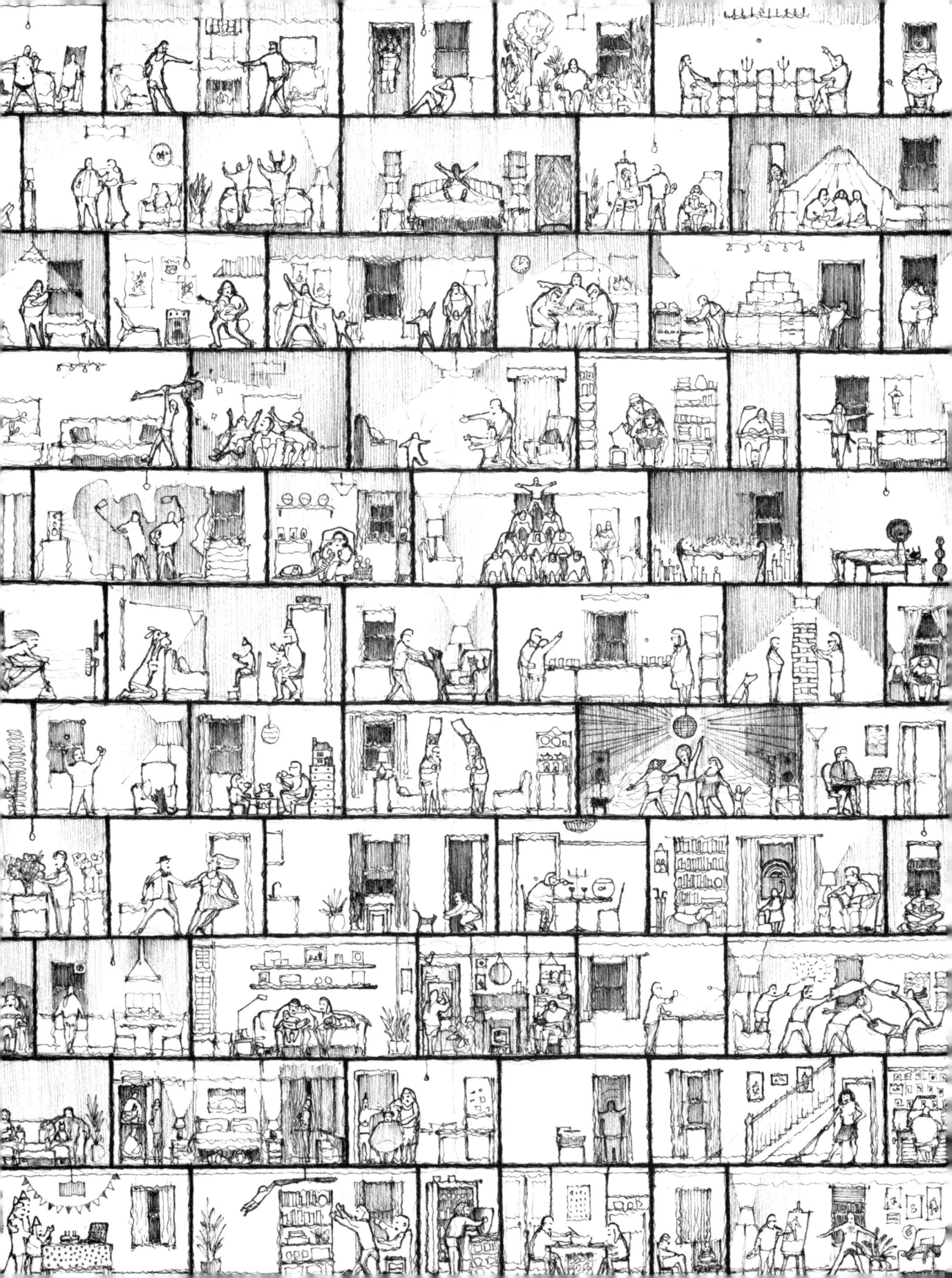

Je langsamer wir lebten, desto besser erkannten wir ...

die wesentlichen Dinge im Leben.

Wir besannen uns darauf, dass

selbst hinter den allerdunkelsten Wolken

die Sonne wartete, dass sie weiterhin aufging und unterging.

Wir bewunderten die Natur
und fanden Trost bei den Bäumen,
die seit Jahrzehnten den Stürmen
trotzten und noch immer
unerschütterlich standen; ihre
Beständigkeit gab uns Sicherheit.

Wir dachten an ihre kräftigen Wurzeln, die im Boden ruhten,
und fühlten uns geerdet.

In einer Zeit der Unsicherheit fanden wir Geborgenheit in den Jahreszeiten.

Der Mond, die Sterne
und die Vögel in den Bäumen
wachten über uns.

Je mehr wir uns zurücknahmen, umso mehr gaben wir den Weg frei ...

für die Natur.

Und als, ganz allmählich, der Regen langsam nachließ
und der Wind abflaute,
als sich die Wolkendecke lichtete
und schließlich die ersten Sonnenstrahlen zu sehen waren, ...

entstand eine ganz neue Ruhe.

Wir wussten jetzt unsere Mitmenschen zu schätzen; wir waren einander zugewandter.

Und heute …

blicken wir hoffnungsvoll in die Zukunft.

Denn auch wenn wieder dunkle Wolken aufziehen sollten

und wir erneut heftige Stürme erleben, ...

eines haben wir erkannt: dass wir stärker sind, wenn wir ihnen

nicht allein gegenüberstehen, sondern ...

gemeinsam.

Danksagung

Dieses Buch wäre ohne die Menschen, Orte und Geschichten, die es inspiriert haben, nicht möglich gewesen.

Besonderer Dank geht an meinen Großpapa, der zur Hauptfigur des Buches geworden ist; es war mir eine Freude, dich neu kennenzulernen.

Danke dir, Lizzie: Deine Liebe, Unterstützung, Ehrlichkeit und vor allem deine Kochkunst machen mein Leben um so vieles reicher und glücklicher.

Dank an meinen Hund Robin, wichtigste Muse und Coach für seelische Gesundheit: Danke, dass du mich auf viele dringend benötigte Spaziergänge mitgenommen hast.

Ich danke auch meiner kleinen, aber perfekten Familie, die mich auf jedem Schritt des Weges unterstützt hat: Mama, Harry, John, Sophie, Finlay und Bump. Ganz besonderer Dank gebührt dabei meiner Mutter – dafür, dass sie mich schon als Kind mit der Kunst vertraut gemacht hat und dass sie mich damals überschwänglich für Zeichnungen gelobt hat, die, wie ich heute weiß, von höchst zweifelhafter Qualität waren.

Danke an Marianne Laidlaw für den wunderbaren Text, mit dem sie uns durch meine Zeichnungen führt. Dieses Buch existiert, weil sie daran geglaubt hat. Das Buch ist meinem Großpapa gewidmet, und ich weiß, dass auch Marianne während unserer Arbeit oft an ihren geliebten Opa, Arno Geiser, gedacht hat.

Danke an Mike Jolley für seinen Design-Input und seine Kreativität.

Ich danke dem Team bei Kyle Books herzlich für die tolle Arbeit, vor allem Florence Filose, die organisatorisch die Fäden in der Hand hielt und den Überblick behalten hat, und Caroline Alberti für ihre herstellerische Kunst. Vielen Dank auch an Tara O'Sullivan für ihren Einsatz.

Und nicht zuletzt geht ein riesiges Dankeschön an alle, die seit Jahren meine Leidenschaft für das Zeichnen unterstützen, sowohl online als auch auf Reisen; das bedeutet mir wirklich eine Menge.

@lukeadamhawker
www.lukeadamhawker.com